识人

准识人术

（青少版）

木梓◎编

人民东方出版传媒
People's Oriental Publishing & Media
東方出版社
The Oriental Press

图书在版编目（CIP）数据

精准识人术 : 青少版 / 木梓编 . -- 北京 : 东方出版社，2024. 10. -- ISBN 978-7-5207-4060-9

Ⅰ. C912. 11-49

中国国家版本馆 CIP 数据核字第 2024YR0373 号

精准识人术

（JINGZHUN SHIREN SHU）

编　　者：木　梓
策 划 人：黄　娟
责任编辑：杨歆昱　王　艳
责任审校：赵鹏丽
出　　版：东方出版社
发　　行：人民东方出版传媒有限公司
地　　址：北京市东城区朝阳门内大街 166 号
邮　　编：100010
印　　刷：三河市嵩川印刷有限公司
版　　次：2024 年 10 月第 1 版
印　　次：2024 年 10 月第 1 次印刷
开　　本：660 毫米 ×960 毫米　1/16
印　　张：10
字　　数：114 千字
书　　号：ISBN 978-7-5207-4060-9
定　　价：48.00 元
发行电话：（010）85924663　85924644　85924641

前 言

大千世界，人各有异。

在这个复杂多变的世界里，每个人身上都拥有与众不同的特质，而我们也因此成为世间独一无二的存在。只不过，世界如同一个庞大的舞台，身处舞台之上的我们并非彼此隔绝，相反，我们需要和身边形形色色的人展开人际往来，通过社交活动来获取自身成长的能量。如此一来，我们就需要掌握一定的与人交际的智慧，尤其是要懂得如何去精准辨识一个人。

要知道，人是一种较为复杂的动物，我们要想精准辨识一个人，绝不能仅从某个角度、某件事或者某个方面入手，那样只会形成对他人的片面认知。正确的做法应该是从多个方面、多个角度入手，全方位审视一个人，比如一个人的穿着打扮、言谈举止、行事风格、生活细节以及兴趣爱好等。只有通过细致全面的审视和考察，才能获得对一个人的准确认识，即精准识人。

为了帮助广大读者掌握“精准识人术”的具体内涵和操作方法，我们特意编写了本书。本书以当今社会的社交现状为切入点，将作者多年的潜心体悟与专业的“识人术”知识相结合，通过由浅入深、环环相扣的方式进行讲解。全书共分五篇，分别从通过五官表情识人、通过言语交谈识人、通过体态举止识人、通过生活细节识人以及通过兴趣爱好识人五方面出发，全面细致地向读者剖析精准识人的具体操作方法以及过程中需要注意的事项和要点。在此基础上，为了提升本书的可读性和趣味性，书中还穿插了幽默的漫画，以图文并茂的方式向广大读者普及精准识人的专业知识。

可以说，这是一部饱含诚意的作品，也是一本能让读者全面了解识人术的读物。书中的内容紧贴当下的社交特点，相信无论是可读性还是实用性，都能满足诸位读者的交际需求。不过，识人术只是帮助我们社交的工具，要想收获真挚的感情，在交往中还是要以付出真情实感为前提，用心体会和理解对方的用意，这是学习“识人术”的必要条件。我们希望每一位阅读此书的读者，都能从书中获得精准识人的智慧，同时拥有一次酣畅淋漓而又收获颇丰的阅读之旅。

目 录

第一篇　知人知面：通过五官表情识人

第二篇　闻声识人：通过言语交谈识人

第三篇　表里如一：通过体态举止识人

第四篇　细节万千：通过生活细节识人

第五篇　兴趣各异：通过兴趣喜好识人

第一篇

知人知面：通过五官表情识人

世界上没有完全相同的两片叶子，也没有完全相同的两个人，每一个人都是独一无二的，即使是双胞胎，做表情时也会有细微的差别。

通过观察一个人的面部表情，我们不仅可以判断出他的性别、种族、大致年龄，还可以间接地了解他的学识、修养、性格和社会地位。

眼睛是心灵的“窗户”

眼睛是心灵的“窗户”，能够折射出一个人的情绪和内心最真实的想法。细心的人总能通过他人的目光和神态，进一步地了解、认识他人，进而在发生冲突和不快时及时化解矛盾，和谐相处。

嘴巴会骗人，眼睛不会；情绪可以掩饰，但眼睛却会泄露真相。当一个人的内心产生不同的情绪和想法时，眼部的神态、动作也会截然不同。倘若我们能洞悉眼睛传达的信息，与人交往时必能事半功倍。

那我们该如何做到这一点呢？

看眼神

眼神，不仅能展现一个人的状态，还能展现出此人的情绪与想法。

如果一个人的眼睛明亮而有神采，说明他的精神状态很好、精力充沛；相反，如果他目光黯淡、眼神呆滞，则说明他精神状态很差。

如果一个人眼神清亮澄澈，说明他很有可能品行端方、真诚坦率；如果一个人眼神浑浊飘忽，那么他很有可能心机较重、城府较深，也有可能碌碌无为、甘于现状、对人生没有太多期待；如果一个人眼神猥琐阴鸷，说明他很可能秉性不端、心有邪念。

看眼部的动作

与人交谈时，如果对方眼睛下意识地往右上方看，不与你对视，说明他正在说谎；如果对方目光飘忽，总是左看右看，说明他很紧张、很忐忑；如果对方一直耷拉着眼皮、漫不经心，时不时还闭上眼睛，那就说明他对你所说的话题完全不感兴趣，甚至很是厌烦。

如果一个人眼睛突然瞪大、瞪圆，说明他很愤怒、不高兴，又或者感到惊讶；如果对方眉眼弯弯、眼角上扬，则说明他应该心情不错。

看视线

视线的变化，很大程度上反映了人心态与情绪的变化。如果一个人的视线长久地停留在某人或者某物上，那他很可能对这个人或这件物品很关注、很感兴趣。反之，则说明他可能毫无兴趣、并不在意。

如果双方在沟通，尤其是辩论时，一方视线毫无偏移，甚至可以直视另一方超过30秒，那就说明他很自信，很坚定，不会轻易服输。相反，如果他不敢直视对方，视线游离不定，甚至刻意拒绝眼神接触，则说明他很自卑，在自我怀疑，很可能已经在心里认输，承认自己比不过对方了。

眼睛虽然不会说话，却能无声地传情达意。如果我们在日常生活、学习、交际的时候，巧妙地把“眼情眼语”利用起来，必定能让人际交往更高效。

巧用注视

和人沟通的时候，要注视对方，眼神聚焦、不飘忽，视线一直停留在对方身上，以表示自己始终在认真倾听，但也要注意不能总盯着对方身上同一个地方看。

不逼视，少直视，不斜视

长时间直视别人，尤其是不太熟悉的人，不仅会让人感到不舒服，还会显得自己很没礼貌。当然，初次见面或者久别重逢后，彼此打量、直视的时间稍长，并不会引人反感。

另外，无论你心中怎么想，都不能逼视别人，因为这会给人留下强硬、咄咄逼人的坏印象。也尽量不要斜视他人，因为这样会显得你很傲慢、瞧不起人。

用眼睛“说话”

日常沟通时，总有一些话不方便直接说。这时候，巧妙地用眼睛“说话”就变得很重要。

比如，不高兴的时候，你可以瞪眼、怒视；开心的时候，可以扬眉弯眼；不想回答对方的问题时，就偏过头、避开对方的注视。总之，在日常沟通中的一些为难或尴尬时刻，我们都可以用自己“会说话”的眼睛，来向对方传达心中所想，这样能在很大程度上避免语言的不当之处。

眉有不同，人亦有不同

比起眼睛，眉毛的存在感相对来说比较低。但有些时候，眉毛对情绪的展现和传达却比眼睛更加直观。人的眉形是可以后天修饰的，不同性格特点的人会在修眉时做出不一样的选择。透过各种各样的眉形，我们可以从中了解不同人的性格特点。

古时候，人们相面，最先看的就是眉。古人认为，眉是“七情之虹”“双目之华盖”。我们常说“眉目传情”，就是在说通过眉毛传递的情绪和心理状态与通过眼睛传递的一样重要。

弯眉

喜欢留弯眉的人，大多性格温和，爱美、爱浪漫，心思细腻、内心柔软，富有想象力与创造力，是天生的艺术家。但这类人通常内心也相对敏感，思虑较重，心绪变幻不定，常纠结，少坚持，不够果断。

直眉

把眉形修饰成直眉的人，大多性格果断，有胆魄，有勇气，为人真诚而直率，做人做事都干脆利落，没有过多的瞻顾和杂念。这类人一般逻辑思维能力很强，实力不俗，但不谙算计，不会掩饰自己的想法，很容易被人看透心思。

斜眉

斜眉分为两种情况，一种是向上斜，一种是向下斜。

双眉向上斜，为剑眉，俗称“倒八字眉”。有这种眉形的人一般性格强势，高傲自负，嚣张霸道，不太能接受别人忤逆自己的想法，但性格也刚毅果断，有担当。

双眉向下斜，为八字眉。有这种眉形的人，大多性格懦弱，优柔寡断，胆小怕事，担不起责任，遇到困难会习惯性地退缩躲避。

除了眉形，透过人眉宇间的动作，也能粗略看出人内心的一些情绪和想法。

耸眉

人在耸眉的时候，情绪多半是不太愉快的。有时候是不满中带着几许疑惑，有时候则是不耐烦、不赞同却又无可奈何、无法推脱。

扬眉

扬眉是一种生活中常见的动作。一般来说，如果双眉同时上扬，说明此人非常开心或者非常惊讶。

如果某人是单眉上扬，则说明他内心有疑惑，对某事不明白或不理解。

皱眉

人在遭遇困境、危机，或者内心纠结、愁苦、犹豫不定的时候，会习惯性地皱眉。眉头皱得越深、越紧，说明此刻他内心的情绪起伏越剧烈、心情越糟糕。

竖眉

双眉同时竖起，是愤怒时的典型表现。具体表现为眉头皱起来，眉头的位置与平常相比显得低一些，这样眉尾就挑起来了，与平时眉尾朝下的方向相反，像竖起来一样。

鼻子反映心理变化

在人际交往中，懂得察言观色能够帮助我们快速融入社交场合。察言观色的方法有很多种，除了通过眼睛、眉毛来判断一个人的情绪、状态之外，我们还能够通过一个人鼻子的形状变化和下意识的动作，来判断他的喜怒哀乐。

人在情绪变化的时候，呼吸和心跳也会跟着变化。紧张和害怕的时候，心跳会加快，呼吸变得急促，气息会变粗，反映到鼻子上，就是鼻孔放大；高兴和舒畅时，心跳会放缓，呼吸变轻，气息变细，鼻孔大小也会发生变化。

另外，当人处于不同状态时，他的鼻子会随之出现一些下意识的状态，这些状态也会直接或间接地表现其自身的想法、态度、喜怒和好恶。

比如，一个人在慌乱、焦虑、惊恐的时候，鼻尖上会冒汗；当对某人、某物或某事鄙夷、不屑时，鼻子会微微上提，发出轻嗤声。

又比如，当一个人心里不满、很厌恶、很嫌弃的时候，会下意识地皱鼻子；当自己的心虚、说谎、别有所图或者目的被戳穿时，会习惯性地摸鼻子、揉鼻子；而当自己遇到难题，内心纠结、拿不定主意时，则会捏鼻梁。

脸上有张“晴雨表”

中国有句老话叫“相由心生”。在和他人打交道时，我们第一眼总是看到对方的脸。其实，脸能告诉我们很多关于这个人身心是否和谐的信息。所以，观察别人的脸，能帮我们更好地理解他们的性格和内心。

虽然以貌取人不对，也不一定准，但很多时候，通过观察一个人的面貌，我们还是能分析出他的一些真实的性格与情绪的。

每个人的脸都是不同的，就像每个人的性格都是独一无二的一样。因此，通过观察脸来推测人的性格，是有一定道理的，也是一种实用的方法。

事实上，一个人的脸也确实可以成为他内心的“晴雨表”。

丰富的面部表情能够清晰地表达人的情绪，而且，这种对表情运用的能力，是我们与生俱来的。高兴了就笑，难受、不舒服了就哭，

不外如是。很多时候，鲜明的表情比语言更有说服力。

因此，即使不说话，脸也能用“自己”的方式传达许多重要且关键的信息，如人的喜怒、性格、修养、好恶等。满脸风霜的人不大可能养尊处优，脸色涨红的人又有几个心情愉快？

当然，以脸辨心，是需要技巧的。

看脸的颜色

人在害羞、惭愧、尴尬或者极度愤怒、激动时，脸会变红；身体疼痛、不舒服，内心焦虑、恐惧、不安时，脸会发白；满心怨恨、嫌弃、不满时，脸色会变得相对暗沉。“黑脸”是一种很不礼貌的行为，初次见面就面色阴郁，会给他人留下不好的第一印象，让他人对自己产生误会。

看脸部表情变化

研究表明，当人的情绪、心态出现波动时，脸上的表情也会随之发生变化。这种变化是自然连贯的，也是不可控的，类似于条件反射。所以，如果违背自身心意、情绪，强行“装”出某种表情，这种表情就会显得很不自然，而且表情停顿的时间也是异常的。比如，一个表情在脸上停顿超过了10秒，那多半就是假的。

看脸部的微动作、微表情

有些人会言不由衷、口不对心，高兴了硬说不高兴，难过了偏说不难过。话语可以骗人，脸部的微动作、微表情却骗不了人。比如，内心不屑、充满鄙夷的时候，人会下意识地撇嘴；感到惊恐、害怕的时候，人的嘴巴会微微张开、眉毛上扬、瞳孔放大；在紧张的时候，大多数人会抿唇；高兴的时候嘴角则会不经意地上翘。

表情是最外在的体现

表情是人内心思想、情绪、状态最直观的外在表现。在人际交往中，我们可以根据人的表情，大致判断出他内心最真实的想法、情绪，并以此为参照，灵活调整交际策略，增进彼此之间的关系。

《绘画论》的作者，法国思想家、哲学家德尼·狄德罗曾经这样说过：“一个人，他心灵的每一个活动都表现在他的脸上，刻画得很清晰，很明显。”交际场上的高手，最擅长的就是从他人的表情中读取信息、洞悉人心。

事实上，如果你仔细观察就会发现，表情不仅能够展现一个人当下的情绪，也能间接折射出一个人的性格。比如，同样是难过，性格率直的人会号啕大哭，性格内敛的人会低声抽泣，性格刚毅的人则会强忍泪水。

有些时候，人可能会言不由衷，表情却不会。控制表情的面部神经向来“耿直”，所有人为制造的“假表情”都会被它无情拆穿。所以，只要你愿意细心观察，精准识人自然不在话下。

当然，日常生活中，总有那么一些人天生就“面瘫”，喜怒不形于色。面对这样的人，我们该怎么办呢？

答案是观察！是的，仍旧是观察。观察他的面部肌肉和五官的微动作！你要相信，每个人都有情绪，只要有情绪，脸上就会有反应。比如，人在内心极度压抑、愤怒，又不敢抗争时，面部肌肉会下意识地抽搐。

人在惊讶、疑惑的时候，会不由自主地耸眉；在震惊、感到不可思议的时候，会下意识地瞪大眼睛。

另外，有些时候，一些人虽然总是“面无表情”，但这并不代表他们性格冷漠、难以相处。相反，他们可能只是内心过于稳定，或是为人太过严肃，表情与情绪的联动比较迟缓，但他们内心的情感其实很丰富，是“外冷内热”型。

总之，如果交际是人与人之间的互动与博弈，那么，利用好

表情传达的“情报”，我们就能在最恰当的时候，做出最正确的反应，在人际交往中永远都立于不败之地。譬如，当别人皱眉、抿唇、神态愁苦时，不失时机地关心一下；在别人喜气盈腮、眉飞色舞的时候，笑呵呵地送上赞美和祝福；在别人尴尬难堪的时候，及时去圆个场……

第二篇

闻声识人：通过言语交谈识人

在和别人交往时，我们常常需要通过语言去洞察对方内心的所思所想。可以说，言语交谈是了解别人的重要方式之一。虽然这看起来比较困难，但是如果能熟练运用一些技巧和方法的话，也是可以做到的。想要通过言语交谈识人，最简便的方式就是从谈话内容和讲话人自身的情况入手。

语音语调能“传情”

有人说，人有两种方式表达感情——神色和言谈。通过一个人的言谈，可以推测出他大概的心态，判断出他的观点、感情和立场。说话的内容很重要，不过语速、音调和语言表达方式等因素也会对交流效果产生很大的影响。

语速的快慢和声调的高低能反映一个人的内心情绪。在日常工作和生活中，人们总是会无意识地在交谈中透露自己的内心世界。聪明的人常常借由对方的语速和语调来观察和揣摩对方想要表达的深层想法。

根据声音判断人

从声音中可以窥见一个人的内心世界，这是《逸周书·视听篇》里提到的有趣洞察。有些人在撒谎的时候，音量和音调会突然升高，讲话速度也与平常说话不一样；问心无愧的人，大多语速较慢，语调抑扬顿挫，节奏分明，听起来非常坦诚和自信。心怀不轨、行为乖张的人，声音里常带着奇怪的音调，刺耳且不协调；相反，内心宽广、性格温和的人，他们的声音则大多听起来像潺潺细流，柔和而流畅，让人感到十分舒适和愉悦。

不同个性的人的语调

外向的人说话时铿锵有力，语速通常较快，只闻其声就能感受到对方阳光和开朗的性格；而内向的人语调低而沉稳，语速通常较慢，他们大多都特别注重细节。

语速变化大有学问

语速的快慢能够展现出一个人的性格。一般来说，语速快则偏外向，语速慢则偏内向。在与他人沟通的过程中，可通过对方的语速来判定对方的心理状态。

人的语速会随心理状态而发生改变。比如开心时，大家一般会语速欢快地与他人分享喜悦；而不开心时，则会语速缓慢地和人倾吐烦闷。

学会通过语速来判断对方的情绪，可以帮助我们及时调整谈话内容和主题，进一步拉近与对方的关系。

外向型人的讲话方式

外向型的人非常喜欢与人交流，并且大多擅长沟通。他们的思路非常清晰，语调也十分丰富，说起话来总是流利而生动。人们常常愿意与这类人聊天，因为他们大都特别会捧场，不论聊什么话题，他们都能接下对方的话头，并且热火朝天地聊下去。

内向型人的讲话方式

内向型的人由于心思比较细腻，总担心自己会给别人带来不便，同时又不愿被人看穿内心的想法，还会因害怕犯错而不敢表达，所以讲话的声音一般不会太大。这类人说出口的话通常也十分委婉，有时需要别人去猜测深层的含义，给人的感觉是有一定的距离感，做事更喜欢深思熟虑。

语速会反映一个人的内心状态

在日常工作和生活中，我们需要留意身边人的语速变化。如果一个人的语速突然比平时慢了，则可能是对方心存不满，或者心生厌恶，也可能是在思考、走神，或是身体不适；若语速骤然比平时快了，则可能是做错了什么事导致心虚而底气不足，也可能是紧张或者碰到着急的情况。

总之，语速是一个人内心状态的折射，如果能够注意到对方的语速变化，便能更轻松地掌握对方的心理。

通过语速辨情绪

人的情绪会影响语速，我们的喜怒哀乐其实都融在语速中。比如，性格平和的人发脾气的时候，语速会突然加快，声调也会提高，以此来表达他的不满；而做错了事的人通常会轻声细语，语速也变得很慢，想以此来蒙混过关，也可能是由于心怀内疚、焦虑或不安；当你和朋友们在对某个人进行负面评价，而这个人刚好走过来时，为了避免被他听到后彼此尴尬或引发争执，你们会不自觉地放慢说话的速度，直到他离远了，你们才会恢复正常的语速。

通过语速揣摩对方的心理

受委屈的人通常会语速加快，声音高亢；心虚之人通常语速缓慢，声音微弱；有人为了急于表达自己而加快语速；也有人伤心、困惑时会放慢语速。每一种语速的变化，都与这个人当时的内心状态息息相关，因此，在与他人沟通交流时，要想获取高效的进展，就要学会通过语速来揣摩对方的心理，这样在社交场合中才能应对自如。

语调里的“弦外之音”

语调的高低也是一个人内心状态的外在表现。有些人为了吸引别人的注意力故意提高音调，而有些人则为了降低自己的存在感而降低音调。关于音调，有一个比较典型的群体，就是小孩子。小孩子通常会通过高声哭叫来博取关注。

中国有句谚语：“听话听音，锣鼓听声。”若想保持高效交流，需要在与人沟通时，认真地听对方讲话，从对方说话的语调中领悟他的言外之意，掌握他的内心。

从语调看心态

随着年龄的增长，人的心态会趋于稳定，从而能够更好地控制自己的情绪，说话的音调也会比从前有所降低。

一些心智还不够成熟的人，容易被外界的人和事所影响，内心的情绪也随之起伏。当这类人控制不住情绪时，通常会通过拔高音调来表现自己的不满。

内向型人看起来比较沉稳

内向型的人心态比较平和，通常性格内敛，在与人讲话时，经常轻声细语，语调平缓。人们会认为这样的人思考问题比较周全，做事相对稳重，值得信任。

可如果对方言辞混乱，逻辑不清，讲话音调过低，则要注意了，这样的人思维不清晰，完成事情的效率和质量都不会太高。

外向型人更易受欢迎

外向型人大多比较自信，他们更擅长与人沟通交流，讲话的声音响亮却不尖锐，表达直接清晰。人们非常喜欢和这样的人交往，认为他们积极乐观，勇于进取，与他们交往会让人充满能量。

讲话节奏合理的人更易受欢迎

讲话抑扬顿挫、不疾不徐的人通常会受到大家的喜欢，一是因为他们的声音舒服；二是因为他们流畅清晰的表达，让听者能够很快了解他们想传达的信息，让沟通变得简单而高效。这类人大部分逻辑清晰，待人接物面面俱到，方方面面都让人挑不出大毛病来。但要注意，他们很可能自我意识较强，表现欲也较强。

管理人员的说话方式

公司的管理层往往都是情绪非常稳定的人，他们不但精力比别人旺盛，而且做事、说话都信心十足，也敢于做出决策。他们讲话的声音既洪亮又沉稳，十分振奋人心。同时，他们的语速也是不快不慢，说出的话也很有说服力。

不自信的人的说话方式

一个人如果不自信，胆子又很小，那么他的性格多半优柔寡断，瞻前顾后。这类人在讲话时，往往声如其人，音量微弱细小，甚至都听不清他们在说什么。当要求他们大声说话时，他们就会躲躲闪闪，结结巴巴，甚至会紧张到说不出话来。

个性温和的人的说话方式

有些人性格温和，不擅长也不愿意维持复杂的人际关系，也不喜欢参与权力斗争。其实这些人往往有坚定的信念和稳定的情绪，只要更深入地了解了他们，就会发现他们的闪光点。这类人讲话的音调大多平缓，语气平静柔和，语速也不会太快。

性格强势的人的说话方式

大部分性格强势的人有果敢、坚毅的品质，但性格强势也有些缺点。比如，他们很多时候语速快，音调高，讲话比较心直口快，直抒胸臆，这种不加掩饰的表达方式可能会忽略他人的感受，让对方感到不舒服。

做事坚守底线的人的说话方式

有些人做事坚持底线，坚守自己的做事准则，能明辨是非和善恶。他们讲话时大多掷地有声，充满力量，虽然出于性格原因，他们会给人不知变通的感觉，但他们做起事来比较可靠。

品行端正的人的说话方式

有些人品性正直，内心从不藏私，而且不在背后搞小动作，光明正大地把一切展示在人前。他们讲话声音洪亮，有极强的逻辑思维能力和组织能力，做事也非常负责，让人十分信服。

轻松闲谈也能识人

人们在闲聊的时候通常会放松警惕，在言谈举止中展现出自己的内心世界。聪明的人通常会关注到这些细微变化，进而看透对方的心理，了解其真实想法。

远离喜欢传谣的人

有一种人为了博取关注，满足自己的好奇心和虚荣心，总爱窥探和挖掘别人的隐私。只要获取到一丁点儿小道消息，就开始造谣传谣，给其他人正常的工作和生活造成不好的影响。生活中，我们一定要远离这样的人，因为其他人的好奇心只会助长这类人的气焰。

远离喜欢诉苦的人

有些人总是不分场合地跟人倒苦水，也不管别人愿不愿意听，只顾着倾诉自己的不幸，发泄自己的悲观情绪。一定不要和这样的人做好朋友，因为他们对人对事都没有同理心，只把注意力放在自己身上，不是值得交往的人。

远离表现欲极强的人

爱与人交流其实是件好事，但有一种人有过强的表现欲，特别爱掌控局面，而且十分享受别人的关注。他们总是爱在各种场合主导话

题，完全不顾及旁人的喜好，大家经常会因这类人乱插话或者随意更换话题而不得不中断交流。他们却因为夺得了对话的主动权而得意，即使没人愿意听，也依然侃侃而谈，令人不胜其烦。

远离夸夸其谈的人

有一种人因为内心不自信，缺乏认同感，常常会不分时间、不分地点地自说自话，将自己的过往夸大其词，吹得天花乱坠，以此来让自己成为别人眼中的焦点。但实际上，这样的人可能是既没有真才实学，也没有辉煌历史的人，也可能是沉湎于过往的成绩，不接受如今的平庸的人。

远离突然向你示好的人

语言具有很神奇的力量，人与人之间的远近亲疏可以通过语言进行判断。

假如亲近的人突然开始说客套话，那么就要注意了，他要么是犯了错，要么是有事瞒着你；反过来，假如关系不亲近的人贸然对你示好，想飞速拉近关系，也需要多加小心，因为这种突如其来的热络，很可能是对方为达到某种目的耍的手段。

远离喜欢卖弄的人

人对于不熟悉的环境和知识总是抱有敬畏之心，有些人深谙人们的这种心理，喜欢用语言来伪装自己。他们虽然并没有真才实学，但说话时总喜欢引用名人名言，或者加入某些外语单词，一方面是想以此来彰显自己博学多才，另一方面是想借此来威压他人，进而获得主动权。

怎样分辨自信的人与不自信的人

在与人沟通交流时，不自信的人通常会因为内心紧张而思维混乱、逻辑不清，讲话也常常支支吾吾，前言不搭后语；而充满自信的人，通常有清晰的自我认知和明确的目标，这样的人往往思路十分清晰，并且有极强的观察力，能敏锐地从别人的语速和音调中察觉到问题。他们会思考和别人的每一句对话，善于运用高情商来引导对话，掌握谈话的主动权。

什么样的人能主导谈话

掌握谈话的主动权不是一件简单的事情，这样的人一般有极强的逻辑性和丰富的知识，并且有很强的分析、理解他人意图的能力。在谈话过程中，他所抛出的每个话题都具有相关性，他提出的每个问题都会引发大家的讨论和分析。他还会将谈话中的信息点做梳理总结，再以简单易懂的方式“反哺”给大家，这样的人自然而然会成为谈话的中心。

话题万千，人亦有别

一个人即使刻意伪装，在说话时依然会于不经意间暴露出最真实的自己。在谈话中，只需要注意倾听对方的语言，仔细观察对方的表情和肢体动作，就能轻松了解他的性格和内心世界，从而找到应对策略。

人们在交流的过程中，经常会就某个话题进行分析和讨论，各抒己见。如果用心观察的话，会发现一个有趣的现象，即每个人的心理状态都如实地反映在他们针对不同话题提出的观点之中。

内向型人是如何面对话题的

内向型人在交谈中多半扮演的是倾听者的角色。他们不愿敞开自己的内心，也害怕展示自己，即使被迫成为讲述者，大多数时候也不会将话题引向自己，而是更倾向于客观地描述一件事，不做任何修饰，更是很少加入个人情感和评价，只希望自己不要受到关注。

外向型人是如何引导话题的

外向型人非常喜欢做人群中最耀眼的明星。他们爱说爱笑，愿意在众人面前展示自己，会主动挑起话题，并且会让话题始终围绕着自己和对方都感兴趣的方面。他们通常更愿意敞开心扉，和别人谈论自己的一切，也会不断输出自己的观点。

搬弄是非的话题不要接

我们需要警惕一种人，就是爱背后说人闲话、搞小动作的人。这类人经常会挑别人的刺，挑起的话题也是以议论别人的是非为主，目的是让你也与他一起贬低别人。一旦你附和他的话，他就会把你的话传给第三方，或是造谣中伤他人，或是用来伤害你。

假如遇到这样的人，千万不要掉入对方的陷阱，你可以直接岔开话题。

抱怨的话题真讨厌

以自我为中心的人多爱抱怨，不考虑周围人的感受，只是自顾自地发泄内心的情绪。一旦事情不顺心，就会引发他们的抱怨。不管讨论什么话题，最后都会变为他们不停地发牢骚，要么嫌弃别人能力不行，要么对事情的结果不满意。总之，这类人从来不肯花时间去复盘事件本身，也不肯总结经验教训，只会怨天怨地。

谈话中的陷阱

有些人出于自己的目的，会在谈话过程中设置陷阱。他们打着关心对方的幌子，想尽办法挖掘对方的隐私，获取他们想知道的信息，然后以此来要挟或者控制他人。遇到这类人，一定要尽量远离，不要与之深交，如果一时无法脱身，可以主动把话题引开，避免将自己的信息和弱点透露给对方。

警惕“笑里藏刀”

有些人特别爱耍心机，他们通常从夸赞他人入手，而且是从方方面面去夸人，比如会称赞你长得漂亮，称赞你工作好，称赞你有能力，将你恭维得飘飘然，让你不知不觉就放松了警惕，彻底敞开心扉。这时他们就会乘虚而入，开始跟你提要求，比如找你借钱、帮忙，令你不好推脱，进而陷入他们的陷阱之中。

远离喜欢以自我为中心展开话题的人

有些人虽然本性不坏，但总是忽略别人的感受，经常会在谈话过程中贸然转移话题，让别人转而以他喜欢的话题为中心展开讨论。这样的人，要么是心存为难别人的想法，要么是想达到某种目的，或者纯粹是自我意识过剩，希望成为焦点。

遇到这类人不必惊慌，可以在顺应他话题的同时，认真观察和推测他的真实用意，再沉着应对。

患得患失的人经常会抛出的话题

有些人做事说话总是拐弯抹角，不喜欢直接问，尤其是恋爱中的男女，他们会因为缺乏安全感而患得患失，经常会纠结对方对自己的真实看法，比如对方是真的喜欢自己吗？他刚刚说的话是真的吗？他是不是有事瞒着我？为此，他们会在谈话中不断抛出问题，去试探对方，迫使对方给出答案来检验对方是否真心。

不同个性的人喜欢讨论不同的话题

俗话说，言为心声。一般情况下，一个人经常讨论的话题就能代表他内心的一方世界。比如在背后搞小动作的人，总是会谈论一些不着边际的花边新闻，并总是贬低别人；而缺乏耐心又不尊重他人的人，经常会莫名其妙地转移话题，让人摸不着头脑。

个性鲜明的口头禅

口头禅是一个人内在涵养的外显，现在几乎人人都有一两句口头禅。若想了解一个人真实的想法和他真实的性格，可以在工作和生活中，通过认真观察和分析对方的口头禅来判断。

喜欢追求新鲜事物的人，通常习惯用流行词汇作为口头禅；爱慕虚荣、喜欢博取他人关注的人，则会刻意使用一些舶来语或在交谈中夹杂几句外语；而内心富足、充满自信的人，不惧任何人的目光和评价，口头禅则更积极向上。

口头禅会彰显出一个人的个性

有研究指出，口头禅能反映出一个人的性格。我们若想要了解一个人，可以从对方的口头语入手。

有些反应不够快、性格又骄傲的人，通常会使用“啊”“呀”这类口头禅。

有些人不愿将真实的自己展露于人前，有极高的警惕性，他们做人做事都滴水不漏，口头语也是规避责任型的，如“可能”“或许”“大概”等。

有些人性格温和，拒绝旁人时怕对方感到没面子，所以不好意思断然拒绝，于是便使用“但是”“不过”等口头语来委婉地推拒，努力让场面既不尴尬，也不冷漠。

销售人员常用的口头禅

害怕被人误解且内心比较急躁的人，总是会通过各种各样的方式来证明自己的清白，以此来让人相信他。相信你也曾听到有人跟你说“相信我”“是真的”“绝对不骗你”，尤其是销售人员，为了消除客户的芥蒂，顺利推销产品，常常会这样讲。

从口头禅看一个人是否自信

自信且理性的人，大都头脑冷静，能够用逻辑说服别人，做到有理有据，让人信服。他们的口头禅有“应该”“必须”“一定要”等。而不够自信的人，即使是对既定的事实，也不敢使用肯定的语气，而是用一种模棱两可的口头禅，例如“听说”“据说”，不会将话说死。

语言是心声的窗口

一个人的话语，能在不经意间透露出这个人的真实想法，同时也能从侧面彰显出一个人的性格特征。在与人交谈的过程中，我们可以通过对方说的内容来揣摩他的性格，由此来更好地认识、了解对方。

喜欢“人前炫耀”的人大多自卑

作为社会的一员，我们总倾向于在心中塑造一些理想化的榜样。在成长过程中，我们会搜集并整理这些崇拜的对象。当现实与自我期望之间存在较大落差时，人们往往会通过炫耀来缩小这种差距，寻求心理平衡。因此，每一次炫耀背后，都藏着炫耀者内心的不安和自卑。换句话说，炫耀在某种程度上是自卑的一种体现。

“揭人之短”者或许是心怀嫉妒

有些人喜欢揭人隐私，一方面是为了缓解自己心里的不痛快。当这些人和他人的想法不同，提出的建议又不被采纳时，心里憋屈，就通过聊这些来发泄；另一方面，也可能是出于嫉妒，就喜欢说那些比自己优秀的人的隐私。

说“忙”的人可能内心空虚

有些人常说自己忙，其实可能是因为他们不会丰富自己的生活，没有爱好和追求，只能通过工作来充实自己。假如没有工作在身，他们立刻会感到惶恐。为了消除这种不安，他们会不断给自己找事情做，让自己每天都过分忙碌。

随意数落他人的人会令人不快

经常数落他人的人分三种：

第一种人和他人的关系不太好，心里积攒了很多不满，就通过批评来发泄；

第二种人对他人的期望太高；

第三种人嘴上说着他人的不足之处，实际上是想引起别人的关注，让自己成为焦点。

随意数落他人的人会让周围的人感到尴尬，对其好感度越来越低，甚至想要远离。

传播别人秘密的人大多不靠谱

无论男女，都有那么一类人，只要得知一丁点儿秘密，就忍不住

分享出去，好像不说出来就憋得慌。但他们总是害怕秘密传开后自己被找麻烦，所以不停地提醒别人要保密。实际上，这种人最容易在其他人面前说漏嘴，反而是最不可靠的。

“自言自语”的人多半缺乏信心

有些人常常会自言自语，这主要是因为他们太在意别人的看法了，一旦事情没做好，就会自责不已，然后不自觉地跟自己说话。也有的人，因为心里想要的得不到，就会后悔、生气，这些情绪积压在心里让他们很难受，所以他们会通过自言自语来释放压力。爱自言自语的人可能会对自己的话和行为没信心，很容易受别人影响，神经总是紧绷着。

幽默感里隐藏着不同的性格

幽默也是性格的体现。事业有成的人大多有一定的幽默感，因为他们的头脑会比常人灵活，社交能力、表达能力和亲和力等方面也有过人之处。正因为如此，他们会比旁人更容易获得成功。

有幽默感的人思维敏捷，他们的反应速度通常快于没有幽默感的人。一旦所做的事情陷入困境而停滞不前，往往都是他们出面破局，通过自己的努力解决遇到的困难。

天生幽默的人更容易受到欢迎

有一种人，他们在生活中处处都体现出幽默，这种幽默不需要提前准备，而是在不经意间显现的。这种人通常都思路开阔且聪慧过人，想象力丰富，能在遇到困难时想出各种办法解决问题。如果能不断去感知新的人和事，则更能激发他们的想象力。

善于自省的人令人敬佩

有些人心胸宽广，为人谦虚。面对失败，他们经常自我反省，而且愿意听取别人的意见，也肯按照他人的建议去改进自己。

远离假幽默的人

有一种人，乍一接触时会给人风趣幽默之感，但长期相处后才会发现他们的性格却是睚眦必报，而且非常善妒。一旦有人超越自己获得成功，他们就会嫉妒心发作，刻意嘲讽、挖苦对方。但他们并不承认自己是在贬低对方，反而说这是一种幽默。假如对方因此不开心，他们则会阴阳怪气地讥讽对方“不识逗”。

有些人因为过于自卑，或对生活失去热情，每天都过得特别痛苦，总觉得自己活得很失败。当看到别人过得比他们好时，他们便心生嫉妒。当嫉妒累积到一定程度时，他们就会用自以为很幽默的方式讽刺别人。

多和充满正能量的人在一起

有一类人性格积极向上，心思细腻，会为他人着想，能敏感地感知到他人的负面情绪，想办法帮他们排忧解难。他们会专门准备一些有趣的事情帮别人释放压力，比如准备一个惊喜，或者讲一些特别好玩儿的笑话。与这类人做朋友，不但能收获快乐，还能让生活充满乐趣，令自己备感轻松。

第三篇

表里如一：通过体态举止识人

自古以来，识人就是一门十分深奥的学问。古人认为，识人的“良法”有两种：一种是“听言”，即通过听人说话来辨识其忠奸、贤愚、善恶；另一种是“观行”，即通过观察人行走坐卧时不同的体态、为人处世时不同的行动，来辨识其情绪、思想、性格、修养、人品等。

头部动作，大有文章

日常生活中，人们常会通过一些约定俗成的头部动作来传情达意，如点头表示肯定、同意，摇头表示否定、拒绝。

头部动作不仅能展现人的情绪，也能展现人的性格与修养。多了解一些常见的头部动作背后的含义，更有利于人际沟通。

摇头

摇头在一般情况下是表示否定或拒绝。但有时候，摇头也代表人内心犹疑、摇摆不定。

另外，人在说谎的时候，也会下意识地摇晃头部；过于吃惊或者昏昏沉沉、迷迷糊糊的时候也会通过摇头醒神。

点头

别人聊天的时候，时不时地点头回应一下，既能表示尊重和认同，又能不着痕迹地告诉对方自己听得很认真；和不太熟悉的人见面时，面带微笑、点头示意，会让你显得既礼貌又友善。另外，当对他人感到比较满意时也可以用点头表示赞许。

低头

在与长者、领导见面时，晚辈或下属会低头表示尊敬；人在害羞或有些尴尬的时候，也会用低头掩饰自己的情绪。另外，内心自卑、消极、不自信的人在与他人交往时也会习惯性地低头。

头部前伸

头部前伸这个动作，往往代表着强烈的情感与表现欲。有些人在对某人、某事、某物非常好奇或感兴趣的时候，会下意识地伸头去看；在见到十分喜欢或厌恶的人时，也会伸头探看。另外，有时候，人们还会用伸头的方式吸引别人的注意力。

拍头

拍打自己的头部有两层含义：一是做错了事、说错了话之后表示懊恼、后悔，责备自己“为什么这样”；二是表示弄明白了某件事或解开某种困惑之后茅塞顿开的欣喜。

偏头

人在沉思的时候，常常会单手托着下巴，把头偏向一侧；儿女对父母充满依恋时，会下意识地偏头、把头枕在父母肩上。

头部摆正

古人云，“不偏不倚谓之中”。头部竖直，不摇不低，通常情况下代表着一种中立且坚定的态度，不赞同也不否定。另外，人在表达某种鲜明的立场、强势的姿态或者彰显不服输的决心时，也会微微抬头，梗着脖子，让自己看上去更有力量。

手势也能表现内心

人和人之间的交流、沟通、互动，也需要通过肢体语言来完成。肢体语言分为很多种，其中最常见、最重要的一种就是手势语言。因此，熟悉并掌握一些常见的手势语言，会让沟通变得事半功倍。

手势不仅是内心想法的反映，也是语言最有力的补充。有些时候，比起语言，手势对情绪的传达更鲜明、更生动。比如，兴奋时，有些人会手舞足蹈；愤怒时，有些人会甩手离去。日常生活中，常见的手势语言有以下几种：

握拳

握拳是一个人彰显力量、提振信心时的常用动作。

一个人握拳一般出于以下三种目的：一是给自己加油鼓劲，让自己变得自信起来；二是威慑他人，让他人不敢轻举妄动；三是通过握拳的方式来纾解内心的紧张情绪。

扬手

一般来说，扬手是友善、自信的表现。

相识的、熟悉的人见面时，会用扬手的方式来打招呼；沟通交流的时候，有些人会以扬手的方式来表示理解与认同；演讲、开会、做报告的时候，有些人还会通过扬手来强调某个观点或者展现某种强烈的感情。在极少数情况下，扬手也代表着不耐烦，有打发人走之意。

叉腰

双手叉腰通常被认为是一种具有竞争、挑战、抗议甚至挑衅意味的动作。

习惯双手叉腰的人总是自信满满、不畏挑战、雄心勃勃。比如，运动员开始比赛前或领导在开动员大会的时候都习惯叉腰。

当然，人们在吵架或激烈争辩的时候也会双手叉腰，这是典型的进攻姿态。

摊手

“要判断一个人对你真不真诚，最有效、最直观的方法就是观察他的手，看他的双手有没有摊开。”一位肢体语言专家曾经这样言之凿凿地说。

他说的话虽然有点儿以偏概全，但在现实生活中，大多数情况下，摊手确实是坦诚的表现。人在摊手的时候，通常都在说真话，内心坦荡、磊落，没有隐瞒。

当然，有些时候，人们也会通过“耸肩+摊手”的复合姿势来表示无奈。

竖大拇指

竖大拇指分为两种情况：一种是向上竖，一种是向下竖。

向上竖大拇指是表示夸赞、认同，如赞扬某个人很棒、很厉害、事情做得很漂亮、人很厚道等。

向下竖大拇指的意义恰好相反，代表否定、批评或鄙视，有的时候还代表侮辱和挑衅。

十指交叉

十指交叉是一种很常见的手势。

交叉的手指放的位置较高、手指之间较松散时，如十指交叉抵在下巴上、举在面前，说明人的心态很平和，心情也很愉快、惬意；交叉的手指放的位置较低时，如平放在小腹前或者叠放在膝盖上，而且是十指紧紧交叉在一起，则说明这个人内心很紧张、很忐忑，甚至有些惶恐，不知所措。

双臂合抱

双臂合抱是一种典型的防御姿势。一般来说，当一个人身处不熟悉的，甚至完全陌生的环境，或者内心感到不安、不适、不自在时，都会下意识地将双臂合抱于胸前，似乎只有这样才能够增强自身的安全感，保护自己免受伤害。

另外，当一个人对某人充满敌意或对某件事、某项工作充满抗拒的时候，也会不由自主地合抱双臂。

下劈手势

下劈代表着决断与不容置疑。

性格强势的人，在表达某些不容反驳的观点时，会做出下劈的动作；性格凶顽的人，发狠的时候也经常用下劈的手势。另外，下劈手势也有打断、中止、禁止别人说话的意思。

坐姿里隐藏的不同性格

坐姿是最常见也是最重要的姿势之一。俗话说，站有站相，坐有坐相。在人际交往中，端正的坐姿总能为人增光添彩，不良的坐姿则会给人留下极差的印象。

不同的人有不同的坐姿。有人习惯跷二郎腿，有人习惯抖腿，有人习惯双腿交叉，有人习惯双腿并拢……多种多样、不一而足。擅长观察与交际的人，通过坐姿就能把对方的性格、情绪摸得七七八八。

那么，在日常生活中，有哪些常见的坐姿呢？这些坐姿背后又隐藏着怎样的“性格密码”呢？下面，我们就一起来看一看。

自信型坐姿

有些人有自信、有才干、有野心，他们常在人群中扮演“领导者”的角色。指挥若定的人，坐姿通常都比较端正，习惯将左腿搭在右腿上，双手交叉放于大腿两侧。

古板型坐姿

古板型坐姿，指的是人端坐时双腿和脚跟一齐并拢，十指交叉放于腿上。

平时习惯保持这种坐姿的人，大多性格较为古板、墨守成规又固执己见，哪怕明知自己错了，也不愿认错。这样的人还很可能缺乏耐心。

羞怯型坐姿

有些人性格懦弱，有些“社恐”，动不动就害羞、脸红，哪怕是坐着，也给人一种羞怯不安的感觉。这种人坐着时会习惯性地并拢膝

盖，岔开小腿，让小腿呈“八”字形，同时把两掌相对，放在膝盖中间。这样的人，绝大多数都喜欢独处，不善言谈，思想也相对比较保守，而且敏感内向、多愁善感，甚至有些自卑。

高冷型坐姿

有些人性格比较高傲，冷静自持，平时像座冰山，令人望而生畏、不敢接近。这类人坐下时最喜欢挺直上身，将右腿叠于左腿上，双手交叉平放于其上。

悠闲型坐姿

所谓悠闲型坐姿，与其说是坐着，倒不如说是半坐半躺着。这种坐姿是把双手枕在脑后、双腿平伸或者双脚交叉，看上去既惬意又悠闲。

一般来说，保持这种坐姿的人性格都比较随和，崇尚自由、不愿意被拘束，适应力强，能够宠辱不惊、随遇而安，而且性情淡泊、不慕名利，对地位、财富都看得很淡。

坚毅型坐姿

有些人坐着的时候，喜欢岔开大腿、并拢脚跟、双手叠放于腹部，这类人性格多半爽朗大气、不畏挑战、不怕艰险、抗压抗挫、遇

事果断而有魄力，且执行力极强，一旦有了决定，就会马上付诸行动。但是，这种人的占有欲与掌控欲也相对较强，不喜欢分享，不善于合作，有时候还有些刚愎专断。

温顺型坐姿

性格温柔和顺、为人谦逊的人，坐下时会习惯性地紧紧并拢双腿和脚跟，双手手心向下平放在双膝上，看上去老实乖巧。事实上，他们也确实谦和知礼、低调务实，从不好高骛远、夸夸其谈。他们做事细心、考虑周全，能设身处地地为他人着想，不虚伪、不造作，鲜少有抽烟酗酒的恶习，虽然话不多，人缘却极好。

除了上述七种常见的坐姿，通过坐下时的不同表现，也能看出一个人内心的情绪与状态。如果坐下时动作很轻、很慢，坐椅子只坐半边、不敢坐实、随时准备站起来，说明此人此刻很忐忑、恭敬谨慎、小心翼翼。如果坐下时很快很稳，坐得也比较实，则说明对方此刻心态非常好，不恐慌、不紧张，有底气，甚至天然带着几分优越感。

站姿就是性格的一面镜子

你知道吗？站姿也可能悄悄透露着每个人的性格秘密。每个人的生活习惯、说话方式、兴趣爱好以及思考方式，都是呈现个人特征的重要元素，站立姿势也是其中的一部分。

在人与人的交往中，站姿是展现个人整体形象的关键。因此，通过观察一个人的站姿，我们或许可以捕捉到他的一些性格特点，以及他当下的心理状态和情绪变化。

习惯把双手插入裤袋的人

有些人习惯将双手插在裤袋里，其实很可能并不是在故意耍酷，而是内心保持高度警觉。这类人通常心思深沉，性格偏内向和保守，不太善于表达自己的情感，也不会轻易让人看透他们的心思。如果他们还同时弯腰，那可能意味着他们正感到沮丧或烦恼。

习惯单手插兜的人

习惯一只手插在裤袋，另一只手放在旁边的人，他们的性格可能更为复杂多变，情绪也可能说变就变。他们对朋友的态度有时会取决于自己的心情，时而热情如火，推心置腹；时而冷漠如冰，让人难以捉摸。而且，这类人的自我保护意识通常较强，就像在身边筑起了一道“防火墙”，这也可能导致他们的人缘不是特别好。

叠臂式站姿

站立时将双手交叉叠在胸前的人，通常具有非常坚强的性格。他们仿佛拥有无限的韧性，无论遇到多大的困难和挫折，都能迅速调整自己，重新站起来。对于不熟悉的人，他们有着很强的自我保护意识，甚至会与最亲密的朋友保持一定的距离，给人一种难以亲近的感觉。同时，他们可能过于关注个人利益，对他人的利益则缺乏关注。

标准站姿

双腿自然分开、腰背挺直、双目平视前方，这是标准的站姿。习惯保持这种站姿的人，大多性格开朗、乐观大度、自信自爱，对生活充满了向往，对人对事相对友善。另外，当一个人心情愉悦的时候，也会出现这个站姿。

倚靠式站姿

这类人通常比较坦诚，容易接纳他人，但可能缺乏独立性，会有走捷径的想法。

驼背式站姿

弯腰驼背、略显佝偻的站姿，可能是不够自信的表现。习惯保持这种站姿的人会在内心筑起高墙，防卫心理极重，常常感到不安和自我压抑。

走路姿势里的真实性格

除了头部、脸部、双手，走路的姿势同样能诚实地反映一个人的性格和心理状态。你观察过别人走路吗？每一个人走路的时候，都有属于自己的独特步态：有人慢条斯理，有人昂首挺胸，有人七扭八歪，有人健步如飞……

有时候，人会伪装表情，却不会刻意控制自己的步态。因此，通过步态，我们更容易看清一个人的真实情绪与性格。

昂首型步态

有的人走路时挺胸抬头，大踏步地往前走，这类人往往自信满满，自尊心也很强。他们更愿意相信自己的判断，不轻易向他人求助，更习惯于独自面对挑战。不过，他们头脑灵活，做事有计划且高效，具备优秀的组织和管理能力，能够成功实现事业目标和财富积累。在整个过程中，他们都能保持出色的表现，值得信赖。

整齐型步态

那些走路像军人一样，步伐整齐划一、双手摆动规律的人，通常拥有强大的意志力和坚定的信念。他们一旦设定目标，就会坚持不懈地去完成，外界的变化很难动摇他们的决心。他们对目标的追求非常坚决，不会轻易因为外界环境的影响而改变。

手脚协调型步态

这类人自我要求极高，言谈举止力求完美，不容许丝毫差错，总希望成为他人效仿的楷模。他们拥有强大的意志力和出色的组织能力，但有时可能过于武断，让周围的人感到不适。他们对目标的执着超乎常人，不易受外界影响，为达成目标愿意付出任何代价。

内八式步态

步伐呈内八字状的人，常给人带来一种憨厚可笑的印象。他们外表憨厚，但内心并不平静，反而对生活中的琐碎细节格外关注，习惯按部就班地生活。一旦遇到突发情况，他们就容易慌张失措，缺乏应对能力。他们倾向于跟随潮流，不追求标新立异，成为焦点时反而会感到不自在。

迅捷型步态

所谓迅捷型步态，就是我们常说的健步如飞。

通常拥有这种步态的人性格都很直率，坦荡磊落、不虚伪，做事雷厉风行、干净利落，鲜少拖延。但同时，这种人也缺乏必要的耐心，无论做什么都风风火火、大大咧咧，不够细致和谨慎。

连蹦带跳型步态

性格活泼开朗的人，无论为人还是处事，都自带一股积极明快的气质。这种人就连平时走路通常也是步履轻盈、连蹦带跳的。开心、兴奋的时候，他们会手舞足蹈起来。这样的人一般城府不深，所有情绪都表露在外，举手投足充满能量。

鲁莽式步态

如果一个人平时走路的时候总是风风火火、横冲直撞，从不顾虑他人的感受，那么这个人性格多半比较鲁莽、急躁易怒。但这类人大多坦率真诚，喜欢交朋友，对友谊很重视。

笑容背后隐藏的个性特质

笑是一种无声的语言，不仅能够展现人内心的喜怒哀乐，还能折射人的性格、修养与品格。

在很多人看来，笑，无论是微笑、大笑还是窃笑，都代表着人心情愉悦或幸福，其实却不然。有时候，同样是笑容，传递出的却是截然不同的情绪信号。

有的人微笑，是因为心情舒畅、惬意；有的人微笑，只是出于礼貌。有的人偷笑，是因为不怀好意、幸灾乐祸；有的人偷笑，则纯粹是不好意思。

性格清冷的人，即便遇到极开心的事，也只是微微一笑；性格外向的人，遇到点儿好事就会爽朗大笑。人的性格不同、身处的情境不同、修养见识不同，笑容背后的含义也千差万别。具体来说，有下面几种。

掩嘴轻笑

喜欢掩嘴轻笑的人大多是秉性柔和、内向害羞、带有淑女气质的女性。她们心思细腻、坦率真诚，懂分寸、有礼貌。但她们内心也相对脆弱、敏感，容易伤春悲秋。

另外，部分男性在不适宜大笑或当众笑，但又想笑的时候，也会掩嘴轻笑。

小心偷笑

平日里总是小心翼翼，就算是笑也习惯性选择偷笑的人，要么是性情腼腆、内向，有轻微的“社恐”，不愿也不懂如何与人交际，不知道如何表达自己的感情；要么就是心思狡诈、阴险，明明是在幸灾乐祸，却又顾及面子、装好人，不敢当面笑出声。

苦笑

正所谓“物极必反”，人在极度痛苦、悲伤的时候，可能不但不会哭，反而会笑。只是这笑容不是明媚的，而是凄惶、悲苦，蕴含着无尽泪水与辛酸的。

人在情绪压抑、不平，内心委屈、愤懑，却又无力改变现状的时候，往往会露出苦涩的笑容。另外，当性格相对温和的人遭遇意想不到的变故，或不善言辞的人被人误解时，也会摇头苦笑。

哈哈大笑

哈哈大笑是表示开心的典型动作，往往代表着人心情愉悦，遇到了好事、喜事。比如考试考了第一名、比赛得了奖、工作进展顺利、超额完成了任务，等等。

当然了，也不是所有人开心时都会哈哈大笑。一般来说，喜欢哈哈大笑的人性格多半都比较直率，为人豪放、做事爽朗、心机不深，平时容易情绪外露、不屑遮掩情绪。

冷笑

人在什么情况下会冷笑呢？一是表示不屑或者不满；二是认为某个人或某件事很荒唐；三是表达嘲讽。

总之，冷笑大都是负面情绪引起的，爱冷笑的人一般人缘都不太好。

无声微笑

微笑是人际交往中最柔和的名片。每一个人，无论是谁，都能通过微笑来表示友好、传达善意。真诚的微笑能让其他人感到舒服、亲近，虚假、不真实的微笑则只会让人反感。大多数喜欢微笑的人都是温柔的人，他们性格比较安静、柔和、明事理，处处与人为善，不爱发脾气，做事体贴周到，与他们相处会让人如沐春风。

通过假动作来识破谎言

在日常的人际交往中，最忌讳的就是说谎。谎言不仅会破坏彼此的感情，还会加深彼此的不信任，误人误己，百害无利，应该坚决杜绝和禁止。

大部分情况下，无论是出于善意还是恶意，我们都不该撒谎。没有什么谎言是天衣无缝的，撒了一个谎，就要用无数个谎去圆。而且，人的嘴或许能够骗人，但肢体却不会。

那么，人在撒谎时，会有哪些典型的动作呢？

拽衣领

研究表明，人在说谎的时候，颈部血管和肌肉会收缩，产生刺痛、刺痒的感觉或者冒冷汗。所以，为了掩饰自身的异状，说谎的人会下意识地拽衣领。撒谎的时候越紧张、越忐忑，拽衣领的次数就越多、越频繁。

摸鼻子

人在撒谎的时候，神经会下意识地紧绷，心跳加快、血液流动速度加快，鼻子可能也会有轻微刺痛的感觉。所以，撒谎的人总会下意识地用手指去蹭鼻尖，或不时地用手指在鼻翼上蹭两下。

捂嘴干咳

说谎，从本质上来说，是一种违心的行为。

既然违心，必然会心虚、胆怯。无论是单手捂住嘴巴，低头轻咳，还是手握成拳状放在嘴边掩饰性地干咳，都是心虚的表现。一般来说，如果有人在交谈时做出这种动作，那么他多半是在撒谎。

搓耳朵

所有人都知道，撒谎是一种不好的习惯，是不诚实的表现。因此，在撒谎时，人的潜意识会产生抗拒。这种抗拒表现在肢体上，就

是摸鼻、揉眼、干咳和搓耳朵，也包括拉拽、揉捏和向上弯折耳朵。

揉眼睛

很早以前，心理学家们就发现，绝大多数人在说谎话的时候，眼球都会不由自主地向右上方移动，不敢直视他人的眼睛，也不敢和他人的眼神接触。揉眼睛就是躲避他人目光时的一种常见动作。

当然了，除了上述五种常见的动作外，人在撒谎的时候还会表现出其他异状，比如眼神左右飘忽，说话结巴，脸色苍白，神情惊恐不安，频繁地对人微笑或者莫名地点头，言辞闪烁、答非所问，说话的音调突然变得高亢、尖锐，等等。

第四篇

细节万千：通过生活细节识人

人性复杂又多变，有时候，看起来笑容满面的一个人，背地里却怀着恶意。因此，看一个人不能光看表面。但是无论一个人多么善于隐藏，都无法做到滴水不漏，总会在细节上露出破绽。所以，我们要想看清一个人的真实面目，就要学会关注一些细节。

饮食习惯背后隐藏的性格

俗话说，民以食为天。人活着的每一天都离不开食物，然而很多人不知道，一个人喜欢的食物的种类，以及选择吃食物的方式，也能反映这个人的性格特征。

从小养成的饮食习惯很难改变，这恰恰可以反映出一个人的心理。同样，怀揣着不同的心情吃食物，也会在我们心里留下不同的印象。

挑食的人

挑食不仅影响健康，还可能与性格有关。研究发现，口味偏好能透露一个人的性格。比如，爱吃咸食的人往往外向随和；甜食爱好者大多乐观随性；辣食爱好者则性格直爽但脾气急；另类口味爱好者很可能内向深沉；爱吃肉的人大多社交活跃；素食者则偏内敛安静。科学家还发现，食物能影响情绪与性格。情绪波动可能与酸性食物摄入多、维生素B和维生素C缺乏有关。所以，想调整心情或改掉性格小缺点，不妨试试调整饮食习惯。

喜欢独自安静进食的人

喜欢独自安静地进食的人往往性格“高冷”。他们大多做事稳重，同时又具有坚持不懈的精神，责任心很强，往往言而有信，说到做到。

喜欢切割食物的人

将食物分割成小块儿慢慢品尝的人大多比较传统，处事小心翼翼，善于与人搞好关系，但又会保持中立，当个老好人。同时，他们缺少冒险精神，事业上很难一展宏图。他们很可能不太接受别人的意见，但不会表现出来。

进食慢的人

吃东西喜欢细嚼慢咽的人，大多重视过程而忽略结果。他们行事严谨周到，在想出万全之策之前从不轻易动手。同时，他们不管对自己还是对别人都十分严格。一般来说，他们喜欢慢节奏的生活。

进食快的人

以迅雷不及掩耳之势快速吃完一顿饭的人往往精力旺盛，他们很可能具有为人坦荡、热情大方、行事果断等优点。但他们也可能会比较自以为是，不善于纳谏。他们的好胜心很强，不会轻易服输，同时又追求速度和质量。这也导致他们更重视结果而非过程，一生都在奔赴下一个目标的路上。

吃东西不加节制的人

吃东西不加节制的人性格大多豪迈奔放，所以他们往往人缘不错，组织能力也很强，能够让团队更有凝聚力。他们喜欢直来直去，从不遮掩自己的情绪，喜怒哀乐全部都表现在脸上，旁人一看便知。

对食物不挑剔的人

对食物不挑剔的人大多性格随和，待人亲近。他们往往不拘小节，不会因为微不足道的小事而纠结。同时，他们大多精力旺盛，同时做几件事情也井井有条。

口味重的人和喜欢刺激性食物的人

口味比较重的人大多心思单纯，爱恨分明。他们往往情绪较为强烈，敢爱敢恨，甚至有时哭笑转化只在一瞬间。喜欢吃刺激性食物的人往往有主见，不会人云亦云，也很果断。但他们大多性格倔强，有时候比较挑剔，喜欢别人服软。

爱吃素的人

喜欢吃素食的人大多自控力强，遇事沉着冷静，不太外向。他们不善于与他人亲近，喜欢独处，解决问题也喜欢凭一己之力。同时，这类人容易以自我为中心，在生活中较能经受住诱惑。他们的生活看似平平淡淡，实则自己乐在其中。

爱吃荤的人

特别喜欢吃荤食的人总是活力四射，积极向上，遇到机会时会努力为自己争取。他们大多想成为领袖，喜欢支配别人，但他们不会随意吩咐别人，以免惹人讨厌。他们看起来老老实实、脚踏实地，但也擅长与别人交往，容易得到别人的欣赏和依赖。

签名笔迹里的不同个性

名字是一个人的代号，很多人都很重视自己的名字。在人们日渐广泛的交际中，名字出现的机会越来越多，签名也越来越重要。从不同的签名中，我们也能看出不同的性格。

签名字迹比一般字体小的人

签名很小的人往往不喜欢获得别人的关注，也很少主动与他人产生交集。他们大多对自己没有十足的信心，时常回避或逃避本该属于自己的荣誉和赞扬，甚至进行自我贬低。

签名字迹比一般字体大的人

签名特别大的人往往很喜欢表现自己，喜欢吸引他人的注意力。他们注重自己的外在形象，同时也愿意承担较多任务，但他们可能重视外表多于内涵。

从笔迹看一个人的个性

汉字笔迹与书写者个性有着紧密关联，这十分神奇。判断时，先看书写流畅度：连笔多且速度快，书写者很可能充满活力、热情、动作麻利，但易冲动；书写工整且速度慢，书写者大概率性格温和，有耐心、善思考，注重条理但不善交流。

然后，再看运笔情况：刚劲有力、笔力浓重，书写者一般坚毅刚强，但也可能掌控欲更强，容易自负、自满；运笔协调、顺畅、轻重得当，显示其思维活跃，应变能力强；字迹轻飘无力，则说明书写者很可能缺乏勇气和坚持。

从字形架构看一个人的个性

字形架构整洁明了的人大多办事认真仔细，诚实守信，与人为善，又乐于助人。若字形独具一格，有一些“花体”或“怪体”，还有一些不太规范的文字，则说明写字的人有天马行空的想象力，且幽默风趣，但很可能会有些多愁善感，过于在乎他人的看法。

从字体方向看一个人的个性

字体向上倾斜的人很可能乐观向上，向往成功，志向远大，又有充沛的精力去实现志向。字体向下或忽上忽下，说明写字的人可能情绪不稳定，在遇到挫折时很容易丧失信心。字体向右倾斜，说明写字的人很可能乐于助人。字体向左倾斜，则说明写字的人很可能理性高于感性。

从字体轮廓看一个人的个性

字体轮廓大小适中且端正，说明写字的人很可能性情温和，行动不疾不徐；若字体过长，说明写字的人极可能积极主动，且很自信；若字体方正有力，但大小间隔不整齐，说明写字的人很可能逻辑思维能力强，认真仔细，考虑全面，但不够灵活；若字体结构松散，说明写字的人往往为人热情开朗，直来直去，也不太注重细节。

从字的大小看一个人的个性

字写得较大却无力，像草书一样，说明写字的人很有个性；若字写得大而潦草，则反映出写字的人待人热情，但不注重细节；字写得很大，不受线条的约束，则表明写字的人很可能热情洋溢，但又缺少追求完美的态度；字体写得很小，这种人大多都能集中精力应对自己的工作，但又不会表现出很强的功利心。

不同的购物方式隐含不同的性格

当今社会，购物是人们生活中的重要活动之一。每个人每天的吃、穿、住、用、行都离不开购物，也都有自己独特的购物习惯。

花钱方式能体现一个人的性格和地位。购物和钱直接相关，也能体现人的性格。想要看清一个人，可以从他的购物习惯入手。

看清单购物的人

看清单购物的人具有较强的组织性、纪律性，喜欢按计划完成任务。但他们的记性不太好，常需要提醒。他们往往很自信，可惜应对不了意外情况。

选择打折商品的人

选购打折商品的人大多比较实际，但如果只顾着商品打折，忽略它的质量和自身的实际需求，那这个人很可能会是个过于看重利益的人。面对事情，这类人虽然会和别人沟通和协商，但最终还是会坚持己见。他们喜欢自己占优势，也喜欢耍小聪明。

习惯在网上购物的人

网购族大多精打细算，生活规划有序，前瞻性强。物品消耗、降价信息、最佳购买时机尽在他们的掌握之中。他们生活精致，追求高效。也有人因工作忙碌或厌倦去实体店购物而选择网购。

喜欢请他人代购物品的人

喜欢请他人代购物品的人往往很忙，时间不够用。也有部分人认为购物这一行为本身并不重要，不值得亲自浪费时间去做，这类人在生活中往往比较强势。

喜欢和家人一起购物的人

喜欢和家人一起购物的人往往比较有家庭观念，对家庭很负责任。家庭在他们心中具有至高无上的地位，是他们一切行为的基本出发点，他们的家庭关系往往也很和睦。他们购物通常看重经济实惠。即便他们生活水平不是太高，也会很幸福。不过，这种人很可能缺乏安全感和拼搏的勇气。

频繁购买实用物品的人

生活中有这么一类人，他们常常购物，但买的东西都是精心挑选的实用物品。这类人的性格大多开朗，对生活充满热情，善于用自己能承受的消费给生活带来品质的提升。

帽子里隐藏的个性端倪

帽子能起到保暖、搭配衣服和打造形象的作用，对人们来说很重要。另外，帽子不仅有助于打造良好形象，还可以展现一个人的个性。

在与人交往时，也可以通过对方的帽子来了解一个人的个性与特征。现代社会，帽子除了抵御寒冷，还是一种时尚单品。不同的帽子反映人们不同的心理，也可以反映人的个性特征。

爱戴彩色帽子的人

爱戴彩色帽子的人往往走在潮流前沿，他们很会搭配衣服。同时，他们又具有蓬勃的朝气，很可能经常邀请朋友们一起玩乐。但对于工作，他们会呈现出热情和消极两个极端。由于有时会对工作付出极大的热情，因此会取得一定成就。

爱戴礼帽的人

爱戴礼帽的人往往具有绅士风度，希望表现得沉稳踏实。他们重视传统，不过，有些人可能会过于保守和封建。有些人也会因自视甚高，认为自己以后一定会取得很高的成就，但由于他们的保守，往往不能如愿。友情方面，他们可能很难表达自己内心的情绪，建立良好

的社交会比较吃力。他们可能对一些流行的东西持反对态度，但不一定会表现得特别明显。

鸭舌帽下的稳重哲学

喜欢戴鸭舌帽者，无论老少，大多是热爱生活的人。他们很可能比较低调，行事稳重，不慕虚荣，面对问题能顾全大局。这类人的自我保护意识可能较强，与人交往时，喜欢绕弯子，但大多无恶意，只是不愿轻易展露内心。在财务上，他们大多勤劳节俭，厌恶不劳而获，既不吝啬亦不挥霍，善于理财。鸭舌帽下，藏着的很可能是一颗冷静、客观、务实的心。

爱戴圆顶毡帽的人

喜欢戴圆顶毡帽的人，给人一种朴实无华的感觉。他们对世界充满好奇，但常选择倾听而非主动表达，给人温和顺从的印象。实际上，他们内心坚定，勤劳踏实，坚信努力的价值，对投机取巧极为不屑。在金钱上，他们秉持正直原则，不取不义之财。他们工作全力以赴，只求合理回报。在交友方面，他们虽看似随和，实则对品行有要求，只与志同道合者深交。他们往往以良好的品德赢得周围人的尊重与信赖，是值得信赖的朋友和伙伴。

不同的色彩彰显不同性格

我们生活在一个多彩的世界，大家对色彩都很熟悉。从古至今，色彩对于服装、审美都有着重要意义，而现在，通过色彩也可以分析出一个人的性格和审美取向。

喜欢黑色的人

喜欢黑色的人大多性格内向，行事谨慎，不过也可能会有些我行我素。他们的性格可能有两个极端，一方面认真负责，坚韧不拔；另一方面消极颓废，孤僻怪异。

喜欢白色的人

喜欢白色的人大多单纯开朗，有很强的进取心，又很实际。他们表面上很合群，但实际上却喜欢独处。在与人交往的过程中，即使感到疲惫也会隐藏自己的情绪。他们对事认真负责，能很好地完成任务。

喜欢粉红色的人

喜欢粉红色的人大多心思细腻，性格温和，讲究礼仪，言行得体。他们的审美能力和品位都很不错，富有同情心，乐于助人，但有时会有些懦弱。

喜欢紫色的人

喜欢紫色的人大多都很相信自己，有较强的优越感和与众不同的生活品位，自尊心也会较强。他们追求浪漫，又多愁善感，看起来似乎有些难以捉摸。有些喜欢紫色的人或许会给人虚荣、浮夸的感觉。但在面对真正的朋友时，他们会十分坦诚。

喜欢绿色的人

喜欢绿色的人往往稳重、温柔，内心积极乐观，充满活力。工作中，他们循规蹈矩，按部就班，但头脑灵活，因此工作较稳定。但他们往往会与人保持距离，比较“高冷”，有时又有点儿执拗。

喜欢灰色的人

喜欢灰色的人往往向往和平与稳定，经常为他人考虑，甚至不惜为此牺牲自己的利益。但他们又讨厌和别人深交，喜欢平淡的交往。他们很可能缺乏主见，较为软弱，有时做事不考虑后果，又有点儿悲观，对身边的事情也不抱积极的态度。通常来说，这种人具有很强的自我意识。

喜欢蓝色的人

喜欢蓝色的人往往好奇心较强，既能天马行空，也能细致入微，具有较强的学习能力。他们遇事沉着冷静，工作上井井有条，但缺乏独自闯荡的勇气。在与人交往过程中，他们常常追求安稳，厌恶背叛，小心谨慎，注重自我保护，是很值得信赖的一类人。

喜欢红色的人

喜欢红色的人大多朝气蓬勃，乐观开朗，但又容易冲动，急于表现自己。他们性格张扬，乐于助人，不过有时会因为比较冲动而容易与人发生矛盾。他们乐于接受别人的赞扬，对批评和无节制的劝告会十分反感。他们往往具有较强的竞争意识，会为了理想不断努力。

喜欢黄色的人

喜欢黄色的人往往不安于现状，喜欢天马行空，追求刺激，行动力很强。他们追求完美，做事执着。若是喜欢金黄色，则又增添了一些贵气。

喜欢橙色的人

喜欢橙色的人往往很有自信，也喜欢和别人交朋友，他们追求生活品质，又乐观向上，喜欢在生活中用自己的方式增添新鲜感。

喜欢棕色的人

喜欢棕色的人大多追求安稳，讨厌纷争。他们野心不大，也不渴望别人的关注，相对来说比较忠诚。他们有自己的节奏，不太喜欢惊喜或意外。他们更在乎精神慰藉，了解世间疾苦，同时又有责任心，能做到诚实守信，但有时会有些木讷，会在一些没有意义的事情上浪费精力。

服饰是人们的第二皮肤

人的性格和内在气质可以通过衣着打扮展现。通过观察一个人的服饰，我们能够分析出其心理状态和性格特征。

人内在的文化修养、审美水平也可以通过服饰表现出来。着装的得体程度会影响人的形象，服饰的色彩和风格，也会反映人的内心。如果想要洞察一个人的性格，从服饰入手也是一个很好的办法。

喜欢单一色调的人

喜欢单一色调的人大多比较坚强、坦率，有较强的自信心，也很有毅力。他们做事干净利索，不喜欢拖拉、扯皮，思维缜密，但很可能会有一点儿自以为是，往往不愿意听取别人的建议，认为别人给出建议是想插手他们的人生。

喜欢朴素穿着的人

喜欢朴素穿着的人往往真诚大方，做事稳重，沉着冷静，脚踏实地。若过度朴素，则说明他缺乏自我意识。喜欢深色的人通常思虑周全，其他人很难揣测他的心思。喜欢浅色的大多活泼开朗，对人十分热情。

追求极致华丽的人

喜欢过于华丽的衣服的人具有较强的虚荣心，很喜欢在别人面前表现自己，对钱财比较看重。

执着于穿长袖的人

在初入夏天时执着于穿长袖衣服的人，在日常交往中很可能比较谨慎，喜欢按部就班，不愿意冒险。

穿着实用的人

穿着以实用为原则的人大多单纯，热情大方，与人为善，做事脚踏实地。同时，他们分析问题时也有自己独到的见解，有着很强的洞察力，往往能从事情的表象看出其本质，并给出完美的计划和方案。

第五篇

兴趣各异：通过兴趣喜好识人

兴趣爱好与工作和学习不同，它是为了愉悦自己，而工作和学习通常具有一定的目的性。人人都有兴趣爱好，这与其性格密切相关。性格相似的人，爱好也大致相同。如果想要了解一个人的性格，可以从了解他的兴趣爱好入手。

从喝咖啡也能看出个性

喝咖啡能够反映一个人的层次和审美水平。咖啡的品类众多，品不同的咖啡会让人产生不同的味觉感受，而不同的人也会选择不同的咖啡，这与他们的性格爱好密切相关，同时也反映出他们的精神世界。

喝咖啡的速度

有人在喝咖啡时喜欢趁热喝完，这种人遇事时大多喜欢顺其自然。在感情方面通常热烈、大胆、果断。

有人喝咖啡速度很慢，对凉咖啡也不介意，这类人在感情方面大多是偏理性的，做事之前，他们会先进行认真的观察和考虑，之后会根据理性分析的结果做出判断，避免陷入被动的境地。

喜欢喝美式咖啡的人

喜欢美式咖啡的人，性格上可能会偏保守，不适应复杂的人际关系。他们大多耐心十足，工作勤勉，追求效率。这类人做事有自己的想法，不会轻易受他人影响，擅长坚持，却也易固执己见，难以听取他人建议。他们在熟悉的领域里游刃有余，私下或有强硬的一面，但正是这份坚持，让他们在工作上表现出色。

喜欢拿铁咖啡的人

拿铁爱好者很可能是享乐派，追求即时快乐。这类人大多性格随和，外向且宽容。他们善于调节生活，减少烦恼，面对困难会寻找轻松之道。相比于“美式咖啡迷”的勤勉刻苦，“拿铁迷”在工作中更追求心态上的轻松愉悦。

旅游喜好里的真实性格

旅游作为一种综合性消遣活动，可以为人生增添色彩，也可以满足身体和心理的双重需求。研究发现，不同性格的人有不同的旅游方式。

喜欢旅游的人往往注重情谊，这让他们拥有很多的朋友，在旅途中能收获广泛的帮助，也让他们觉得自己的热情没有白费，从而得到内心的满足。

喜欢露营的人

喜欢露营的人，往往比较向往大自然，他们也许是在生活中感受到较大的压力，认为在大自然中露营能带来心灵上的放松。

喜欢海的人

喜欢海的人往往很保守，善于隐藏自己的内心，喜欢独处。他们有较强的责任心，可以很好地照顾身边的人，性情温和，向往平静自在的生活，不太喜欢热闹。

喜欢参加旅游团的人

喜欢参加旅游团的人往往性格爽朗，为人热情大方，但又很理智。他们具有团队精神，懂得尊重他人，有组织，有纪律，善于分享。不过他们往往缺乏主见，在生活上也有些消极。

喜欢出境游的人

喜欢出境游的人大多紧跟时代潮流，他们追求新鲜和变化，很相信自己，对待生活积极乐观。他们大多有较强的竞争意识，奋发向上，不怕困难和挫折。

喜欢户外活动的人

喜欢户外活动的人通常会提前规划和设计，敢于接受各种挑战。他们通常很有责任心，又能对自己的言行负责，往往也会因此得到较高的回报。

喜欢自然景致的人

喜欢自然景致的人多崇尚自由，不喜欢受到约束。他们有活力、有激情，又具有丰富的想象力和责任心，向往新思想、新事物。

运动方式展现个性

当今社会讲求生活质量，酒桌相见已经不那么流行，而体育锻炼作为一种健康的生活习惯，逐渐成为流行的交流方式。不同性格的人会选择不同的运动方式，而运动背后的养生之道往往可以展现人的个性和身心需求。

喜欢散步的人往往做事冷静，沉着稳重。由于坚持和不懈努力，他们往往可以取得很多成就。他们追求自己想做和喜欢做的事情，不过多展示自己的才能，但这类人一般都很相信自己，也很有耐心。

喜欢高尔夫球的人

高尔夫球爱好者大多经济实力很强，因而打高尔夫球一般被视为成功人士的代表运动。打高尔夫球不仅是一种休闲方式，也象征着身份与地位。这些成功人士之所以成功，是因为他们往往拥有坚韧不拔的意志以及宽广胸怀、远大志向等。他们充满自信，对自己取得的成就十分认可，这也是他们不断前进的动力。

喜欢有氧舞蹈的人

喜欢有氧舞蹈的人往往很注重身体动作的协调性。这种人在为人处世方面通常比较圆滑。要想拥有优美的舞步，除了注重肌肉的力量，还要时刻关注体态。他们往往会将工作当作游戏，因此不会抵触做一些无趣又沉重的工作。

喜欢网球的人

喜欢网球的人，在人际交往中常显得文雅有礼，因为他们自我要求高，会不断追求进步与卓越。

喜欢瑜伽的人

瑜伽与身体的柔韧性密切相关，尤其与脊椎的关系密切。喜欢练习瑜伽的人能够深刻体会到呼吸、冥想和力量对于控制身体的重要作用。同时，瑜伽中的倒立练习有助于扩展视野，从而使他们看待事物时更加透彻、深刻。

喜欢在体育馆或健身房运动的人

喜欢在体育馆或健身房运动的人大多比较外向，喜欢群体行动，不喜欢独处。他们喜欢参加一些提前组织好的活动，在这些活动中，他们能够遵守秩序和规则，是很受欢迎的群体。

打篮球与踢足球

不论是热爱篮球还是热爱足球，这样的人在生活中一般都会充满热情与活力，面对挑战勇往直前，既有拼搏精神也懂得适时调整心态。即便遭遇挫折，他们也能迅速调整，以积极心态重新启程，展现出不凡的毅力与韧性。

喜欢极限运动的人

喜欢做一些极限运动的人往往看起来很健壮，内心却很细腻。他们做事情往往小心翼翼，思前想后，性格比较执拗，认准一件事不会轻易地改变。这类人大多很有胆量和气魄，表现得十分坚强，不怕任何困难。

喜欢冬泳的人

喜欢冬泳的人往往比较冷静，做事情之前会深思熟虑，一般不会轻易行动。此外，他们具有较强的意志力，不会轻易向困难和挫折低头。事业上，他们希望自己学识渊博，能够获得较高的社会地位，也希望别人可以认可和赏识自己。但这类人都不太热情，有时会让人觉得不好相处，所以很多人会对他们敬而远之。

喜欢骑自行车的人

喜欢骑自行车的人往往机智灵活，他们一般不会一条道走到黑，而是会在多方比较之后，在多条路中选择一条最合适、最便捷的。同时，他们对新事物的接受能力很强，有超强的好奇心，常常喜欢对自己未知的领域发起探索，乐于尝试新事物。

喜欢慢跑的人

喜欢慢跑的人往往比较温柔，有亲和力，擅长与他人保持良好的关系。他们大多沉着冷静，但也会安于现状，不喜欢追名逐利。

喜欢边看电视边做运动的人

喜欢边看电视边做运动的人往往具有较强的观察力，他们善于观察别人的眼神和动作，经常能从中读出别人的想法和自己应该如何应对。不仅如此，他们还懂得如何合理地安排自己的空闲时间，能有效地利用时间。

读书喜好也能反映人心

书籍是人类的精神食粮，因此书不可不读。但是很多人不知道，书籍不仅能使人增长学问，还能反映人的性格特征。研究发现，一个人的“书品”与他的性格和心理密切相关，如果想了解一个人，可以从他的“书品”入手。

喜欢读历史类书籍的人

喜欢读历史类书籍的人往往是求实主义者，喜欢做学问。他们做事常常从实际出发，但又富有创造性，不喜欢空口说白话。相对于没有实际意义的社交，他们更喜欢能够创造价值的工作。他们博学多才，具有很强的分辨力，总是能够以史为鉴，不断总结经验教训。

喜欢读传记的人

喜欢读传记的人大多好奇心强，胆大心细。做决定之前会经过深思熟虑，权衡利弊。他们从来不打无准备之仗，在条件不成熟时永远不会贸然行事，而是静心等待合适的时机。

喜欢通俗读物的人

喜欢通俗读物的人往往乐观向上，又有悲悯情怀，擅长聊天且具有创造力，善于用言语让周围的人开心。同时，他们的善良、热情、坦率、开朗，让氛围更加轻松和愉快。

喜欢读言情小说的人

喜欢读言情小说的人大多情感细腻丰富，比较敏感。所以他们很会调节自己的情绪，也常常能够感同身受，被代入到小说中，感受其中不同人物的情绪。

喜欢读侦探小说的人

喜欢读侦探小说的人一般思维缜密、逻辑性强。对侦探类小说感兴趣的人往往善于思考，问题越难、越复杂，他们就越兴奋，还以此为乐，解决难题是他们的专长。

喜欢时尚杂志的人

喜欢读时尚杂志的人往往比较看重自己的外貌和社会形象，很注重别人对自己的评价，但也会高估自己。他们追求时尚，有时会为面子而破费，但有时也会忽视自己内在的修养和品位。

喜欢读财经类书籍的人

喜欢读财经类书籍的人通常有很强的好胜心，总是希望自己能够事业有成，也很欣赏事业成功的人。因此，他们不满足于现状，有迎难而上的毅力和勇气。他们也崇尚权威，喜欢荣誉，希望成就辉煌灿烂的人生。

不同收藏喜好里隐藏的性格

收藏作为一种文化娱乐活动，益处多多。它不仅能够开阔视野，加深人们对于美的感受，扩大交友的范围，还能够作为识人的一种有效手段。

喜欢珍藏注销了的支票和收据的人

喜欢珍藏注销了的支票和收据的人，往往在生活中小心翼翼、脚踏实地。他们很适合担任组织者和领导者，做事井井有条，但有时也会浪费时间在一些小事上。尽管他们有一定的进取精神，却缺乏做大事的勇气。这些人往往组织能力强，办事细心，循规蹈矩，但也很可能会画蛇添足。因此，这类人的生活往往缺少新鲜感。

喜欢搜集破旧器物的人

喜欢搜集破旧器物的人往往很能忍耐，就算别人对他们无礼，他们也会宽容对待。这类人通常大公无私，做事总是为别人着想，但他们有时也会伤害到别人，尤其是自己的亲人，时常会为了照顾其他人的情绪或做其他事而忽略了自己亲人的情绪。

喜欢收藏书籍、报纸的人

喜欢收藏书籍、报纸的人往往学识渊博又很上进。他们享受孤独，面对已经过时的资料和藏书也乐在其中，因此他们的生活节奏会慢一些。

喜欢收藏象征荣誉的物品的人

喜欢收藏象征荣誉的物品的人大多对自己的现状不满意，觉得自己的高光时刻应该永存。他们很容易沉迷于过去，这会让他们在未来很难再有大的成就。

喜欢搜集钱币的人

喜欢搜集钱币的人往往性格相对保守，不爱冒险，也不太愿意接受新事物。他们的责任心很强，做事情喜欢善始善终，且追求完美。在他们看来，结果比过程要重要。

喜欢收藏照片、明信片的人

喜欢收藏照片、明信片的人多爱追忆过去的快乐，希望感情可以在时间的沉淀下更加浓厚。他们常通过向别人展示照片来介绍自己，期待未来能够集成一本更加精美的相册。

喜欢搜集旅游纪念品的人

喜欢搜集旅游纪念品的人往往喜欢追求新鲜和独特，且具有探索的勇气。因此，他们愿意为了寻找自己喜欢的藏品去跋山涉水，在世界各地留下自己的足迹。

喜欢集邮的人

喜欢集邮的人往往开朗大方，又很机智聪慧，善于自我安慰。在心情和工作之间，他们往往选择先调节好心情，再来做工作。面对别人的求助，让他们说“不”是很难的，这也令他们很烦恼。

通过音乐窥探人的性格

人们对音乐有不同的态度，有的人把音乐当作自己的灵魂知己；有的人将音乐作为自己的倾诉媒介；还有的人将音乐作为自己的理想和人生导师。几乎每个人喜爱的音乐都不一样，这与人们的性格也有一定关系，因此我们可以通过音乐来观察人们的性格。

喜欢乡村音乐的人

喜欢乡村音乐的人大多成熟稳重，善于权衡利弊。他们同情社会中的弱者，常常为他们鸣不平。在恬淡的自然生活与快节奏的现代社会之间，他们更喜欢前者。所以为了能够恬淡自然地生活，他们往往愿意付出很大的努力。

喜欢歌剧的人

喜欢歌剧的人往往思想较为传统和保守，情绪也很容易波动。好在他们能够意识到自己的弱点，因此总是尽力控制自己。另外，他们有很强的责任感，往往以完美的形象来面对大众。

喜欢交响乐的人

喜欢交响乐的人大多自信满满，志向远大。但他们有时只看到事情积极的一方面，容易盲目相信别人，又喜欢展示自己。

喜欢凄美歌曲与古典音乐的人

喜欢听凄美歌曲的人往往善良、宽容，却又多愁善感。对他们来说，音乐有着重要的引领作用。喜欢古典音乐的人大多比较理智，他们时常反省自己，总是能从音乐中感悟人生哲理。

喜欢摇滚乐的人

喜欢摇滚乐的人大多不喜欢孤独和寂寞，他们往往热爱运动，看不惯社会上的不公事件，所以经常有不满情绪，需要通过音乐发泄。他们大多个性张扬，喜欢吸引他人的关注，并且将爱好看得很重，将摇滚乐当成心灵的慰藉。

喜欢打击乐与流行音乐的人

喜欢打击乐的人多数直爽开朗、天真无邪，对未来规划清晰且满怀憧憬。他们与人为善，不吹毛求疵，善于交流，社交能力出色。钟情流行音乐的人一般在人际交往中不太爱思考，人生的诸多问题常由家人或爱人帮忙处理，喜欢通过音乐让自己放松下来。

喜欢进行曲的人

喜欢进行曲的人往往随遇而安，他们脚踏实地，安于现状，但又力求完美。他们中有些人会比较极端，不允许自己所做的事情有任何失误，因而也更容易“伤痕累累”。

喜欢爵士乐的人

钟情爵士乐的人，大多内心细腻，善于捕捉他人的情感。他们追求新奇多变的生活，厌倦单调，钟爱浪漫情调。尽管他们行事中带着些许冲动与不切实际，但总能在不羁的幻想中找到慰藉。面对理想与现实的差距，他们或许会感到矛盾与恐惧，然而，这并不影响他们追求真我、挣脱束缚、探索世界的生活态度。